ALICE HÖRNECKE

Das hab ich gefaltet

Faltklassiker für Kinderhände

Inhalt

Grundanleitung

Papiersorten

Für die Faltmodelle in diesem Buch kannst du alle Papiere verwenden, die nicht stärker als das herkömmliche Schreib- oder Kopierpapier sind (ca. 80 g/qm) und keine weißen Kanten beim Falten bilden.

Am besten eignet sich aber Origamipapier. Es ist bereits quadratisch zugeschnitten und hat schöne saubere Kanten. Außerdem gibt es Origamipapier in vielen verschiedenen Farben und Mustern, so macht das Falten erst richtig Spaß!

Für einige Figuren sind auch Spezialpapiere, wie z. B. Schwimmpapier oder feuerfestes Papier sinnvoll. Wenn du deine Boote mit Schwimmpapier faltest, kannst du sie in der Badewanne schwimmen lassen, ohne dass das Papier auf- oder durchweicht. Für Windlichter nimmst du am besten feuerfestes Papier. Es ist schwer entflammbar und leicht transparent, sodass das Kerzenlicht schön hindurchscheinen kann.

Tipps & Tricks

- Falte deine Figuren immer auf einer glatten trockenen Unterlage, am besten auf einem Tisch.

- Wenn du noch nicht so geübt im Falten bist, solltest du für deine ersten Versuche große Faltblätter (20 cm × 20 cm) nehmen. Das erleichtert es dir, auch bei kniffligen Faltungen den Überblick zu behalten.

- Hilfreich ist auch, wenn das Papier eine farbige und eine weiße Seite hat, so weißt du immer, wo vorn und hinten ist.

- Faltest du mit stark gemustertem Papier, sind die Faltkanten schwerer zu erkennen, daher solltest du schon ein bisschen Übung haben, bevor du es das erste Mal verwendest.

- Übung macht den Meister! Falten kann am Anfang ganz schön knifflig sein, manchmal musst du einfach ein bisschen probieren, bis dir eine Faltung richtig gut gelingt. Lass dich nicht entmutigen, wenn es nicht gleich klappt. Lege dir am besten immer ein bis zwei Bögen Schreibpapier bereit, so kannst du knifflige Formen vorher üben, ohne das schöne Origamipapier zu verschwenden. Sollte es einmal gar nicht klappen, lege deine Form einige Stunden beiseite und versuche es später noch einmal.

- Beim Falten kommt es auf Genauigkeit an. Je sauberer und exakter du faltest, desto hübscher wird deine Figur. Es lohnt sich daher, wenn du sorgfältig arbeitest!

Falzbein

Dieses Werkzeug hilft dir, Kanten schön glatt zu streichen. Das ist besonders wichtig, wenn viele Lagen übereinander liegen und dein Fingernagel oder deine Kraft nicht ausreichen, um die Kante zu glätten. Durch seine Spitze ist das Falzbein aber auch bei engen Faltungen hilfreich. So kannst du z. B. beim Würfel schöne Ecken ausformen und saubere Kanten falten, indem du mit der Spitze des Falzbeins noch einmal innen entlang gehst.

Zeichen

Talfalte	– – – – – –
Bergfalte	– · – · – · –
in Pfeilrichtung falten	(Pfeil)
umdrehen	(Symbol)

Talfalte: Faltkante zeigt nach unten / innen.

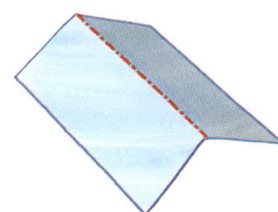

Bergfalte: Faltkante zeigt nach oben / außen.

Tütenfaltung

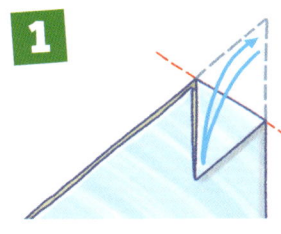

1 Klappe die Spitze an der gestrichelten Linie nach unten und wieder zurück. Damit faltest du die Knickkanten vor.

2 Ziehe die Papierlagen etwas auseinander und klappe die Spitze nach unten, indem du die äußere Faltkante dabei nach innen drückst.

Mützenfaltung

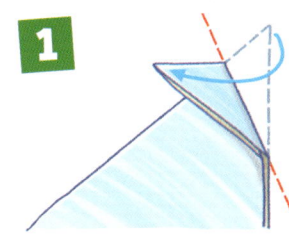

1 Falte die Spitze an der gestrichelten Linie nach unten und wieder zurück.

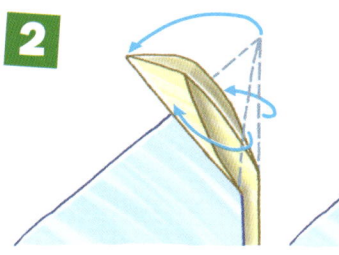

2

Ziehe die Spitze nach links und klappe sie nach hinten um. Das funktioniert genauso, als ob du dir einen Pulloverärmel nach außen umkrempeln würdest.

Marienkäfer
bringen Glück

Du brauchst
- Origamipapier in Rot, 15 cm × 15 cm
- Filzstift in Schwarz

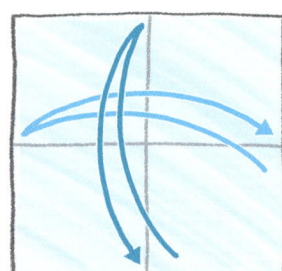

Falte das Papier zweimal in der Mitte und zerschneide es in vier Teile. Für jeden Käfer brauchst du nur ein Quadrat.

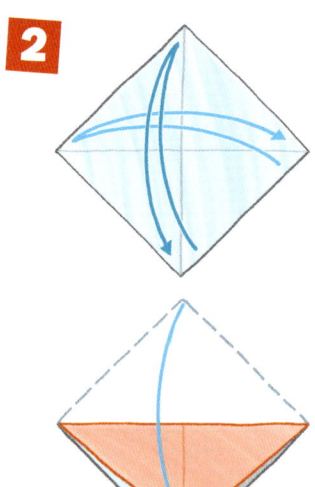

Lege das Papier mit der roten Seite nach unten vor dich hin, falte es zweimal diagonal und öffne es wieder. Nun klappst du die obere Spitze auf die untere, sodass ein Dreieck entsteht.

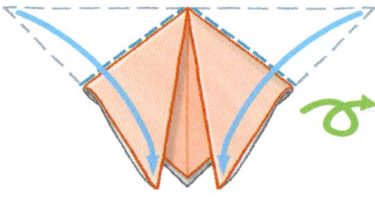

Falte die linke und die rechte Spitze wie eingezeichnet nach unten und drehe deine Form um. Achtung! Die beiden Spitzen werden nicht an die Mittellinie gefaltet, sondern leicht schräg, sodass eine Öffnung zwischen den Flügeln bleibt.

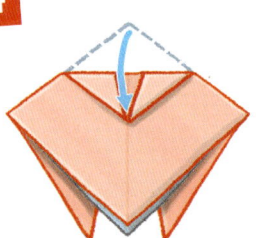

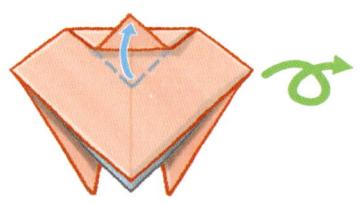

Jetzt bekommt dein Käfer noch einen Kopf. Knicke dazu die obere Spitze nach unten und wieder nach oben.

Drehe deinen Käfer wieder um und male mit dem Filzstift noch Kopf und Punkte an. Schon kann dein Glückkäfer losfliegen!

Tipp
Falte auch aus den restlichen Quadraten Glückskäfer, so hast du schnell eine kleine Käferfamilie.

Becherspiel
Fang die Kugel!

1

Lege das Papier mit dem Muster nach unten vor dich hin und falte die untere Spitze auf die obere.

2

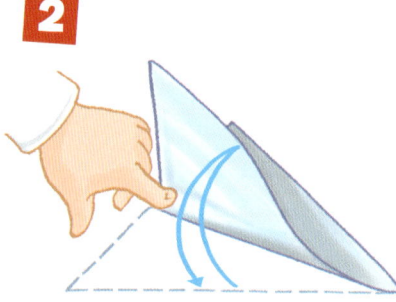

Nun legst du die untere Seite deines Dreiecks an der rechten Seite an und drückst links einen kleinen Kniff ins Papier. Achtung! Nicht über die ganze Länge falten, du brauchst nur eine Markierung!

3

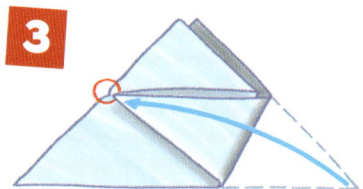

Falte nun die rechte Spitze des Dreiecks auf die Markierung.

4

Falte die obere Spitze an der gestrichelten Linie nach unten. Nimm dazu nur die oberste Lage des Papiers! Stecke sie dann in die Lasche der zuvor nach links gefalteten Spitze. Danach wiederholst du Schritt 3 und 4 auf der Rückseite. Dein Markierungspunkt ist jetzt die mittlere Spitze auf der linken Seite.

5

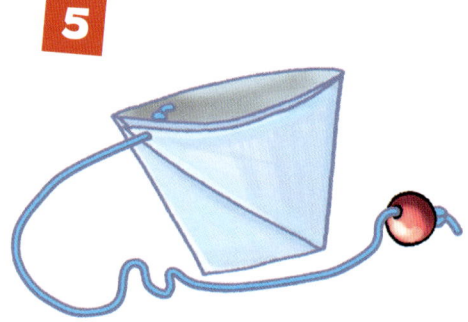

Zum Schluss machst du ein Loch in eine der oberen Ecken deines Bechers. Dort knotest du das eine Ende deines Fadens an. Am anderen Ende bindest du die Kugel fest. Jetzt kann's losgehen! Schaffst du es, dass die Kugel im Becher landet?

Tipp

Du bist schon ein Profi im Kugelfangen? Probiere es doch mal mit einem kleineren Becher und einem längeren Faden, so wird's schwieriger!

Überflieger

heben ab!

1

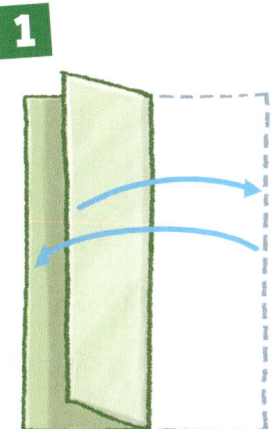

Lege das Papier mit der bedruckten Seite nach unten vor dich hin, falte es einmal der Länge nach in der Mitte zusammen und öffne es wieder.

2

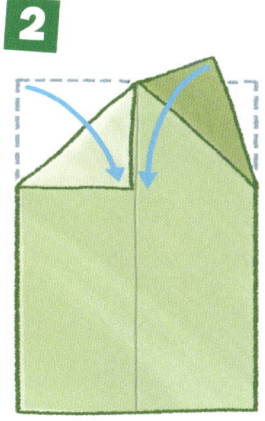

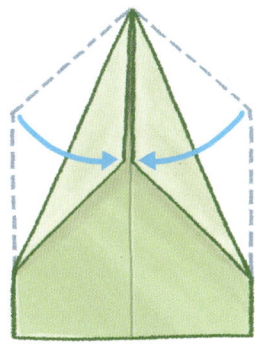

Knicke nun die beiden oberen Spitzen zur Mittellinie, streiche die Kanten schön glatt und klappe dann auch sie zur Mitte.

3

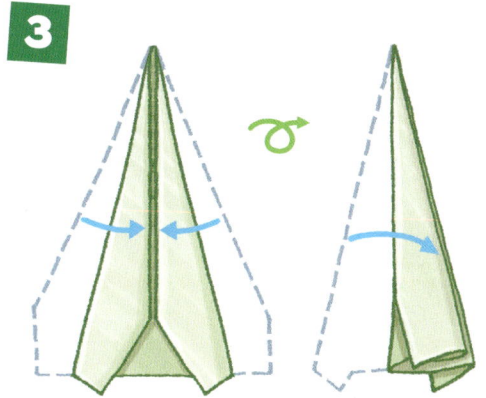

Falte die Außenkanten noch einmal zur Mitte, drehe deine Form um und klappe das Flugzeug mittig zusammen.

4

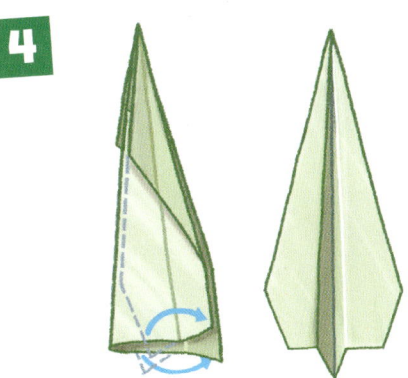

Streiche alles schön glatt und stelle dann die Tragflächen auf.

5

Zum Schluss kannst du deinen Flieger noch mit coolen Sternen oder anderen Mustern verzieren.

Füchse

ganz schön schlau

Du brauchst

- Origamipapier in Rot-braun, 15 cm × 15 cm
- Filzstift in Schwarz

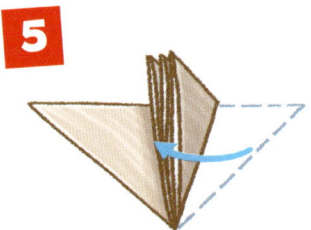

3

Falte beide Ecken entlang der Mittellinie zur oberen Spitze.

5

Jetzt den rechten Rand (von der unteren Spitze aus) diagonal nach links falten.

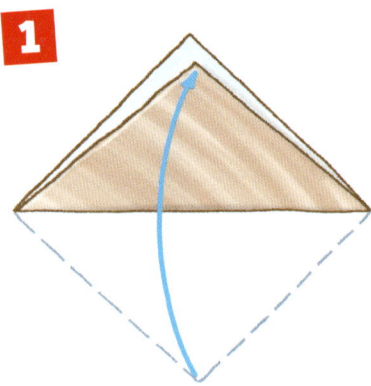

1

Das Papier liegt mit der braunen Seite nach unten vor dir. Falte die untere Spitze auf die obere, sodass ein Dreieck entsteht.

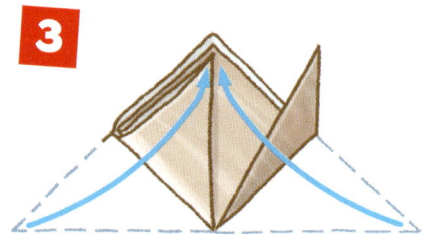

4

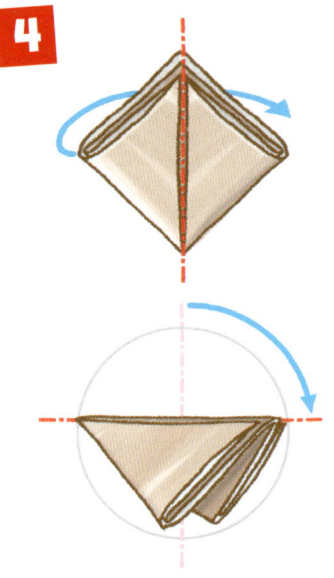

Klappe das Quadrat an der Strich-punktlinie nach hinten zusammen und halte es dann wie in der zwei-ten Skizze zu sehen vor dich hin.

6

Von den drei Papierlagen klappst du dann die oberste wieder nach rechts zurück. Bei der mittleren Schicht drückst du die obere Spitze nach innen, so entsteht der Fuchs-kopf. Zeichne mit dem Filzstift auch gleich die Augen ein.

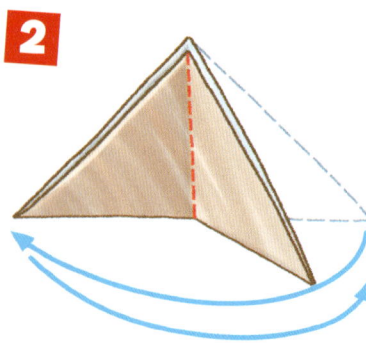

2

Nun faltest du die rechte Spitze an der gestrichelten Linie nach links. Danach wieder öffnen.

7

Zum Schluss bekommt der Fuchs noch einen Schwanz. Dafür die linke Spitze an der gestrichelten Linie einknicken – und fertig!

Malerhut

für kleine Klecksmonster

1

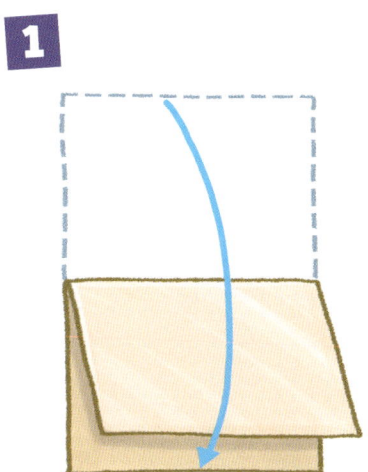

Falte das Papier einmal quer in der Mitte.

2

Dann klappst du das Papier längs wie ein Heft zusammen und öffnest es wieder.

3

Falte die beiden oberen Ecken an die so entstandene Mittellinie, sodass ein Dreieck entsteht.

4

Dann knickst du den unten überstehenden Papierrand vorne und hinten nach oben.

5

Zum Schluss kannst du noch die hochstehenden Ecken des Papierrands um das Dreieck herumlegen und festkleben.

Tipp

Je größer dein Hut werden soll, desto größer muss dein Papier sein. Verwende deshalb für größere Hüte Zeitungs- oder Geschenkpapier. Das ist dünn genug, um es gut falten zu können.

Entchen
auf dem See

Du brauchst
- Origamipapier in Gelb, 15 cm × 15 cm oder
- Schwimmpapier, 20 cm × 20 cm
- Buntstifte
- Wackelaugen

1

Falte das Papier einmal diagonal zusammen.

2

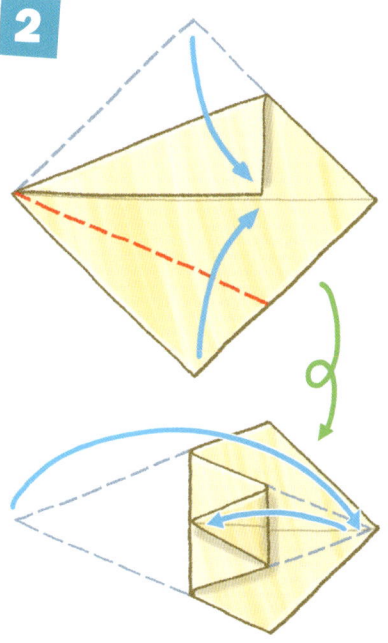

Öffne die Faltung wieder und knicke nun die beiden Kanten an den gestrichelten Linien zur Mittellinie. Drehe deine Form um und falte die linke Spitze auf die rechte und danach wie eingezeichnet wieder zurück an die Faltkante.

3

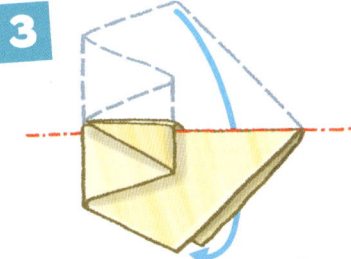

Klappe die Figur einmal längs zusammen.

4

Ziehe nun den Kopf und den Hals nach oben und drücke alles fest.

5

Zuletzt faltest du die unteren Spitzen auf gleicher Höhe nach innen.

6 Male deiner Ente noch einen Schnabel und klebe Wackelaugen auf, dann kann sie losschwimmen.

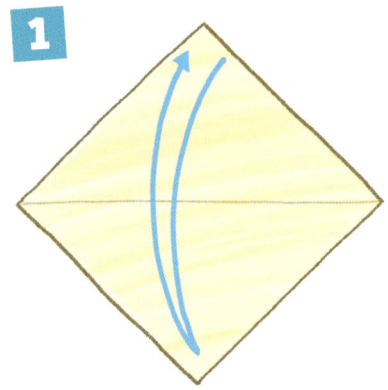

Windmühlen
wirbeln im Sommerwind

Du brauchst

- Origamipapier, zwei-
  farbig, 10 cm × 10 cm
  oder 15 cm × 15 cm
- Reiszwecken in
  passenden Farben
- Holzstab, ca. 20 cm lang
- Doppelseitiges
  Klebeband
- kleiner Hammer
- Schere

1

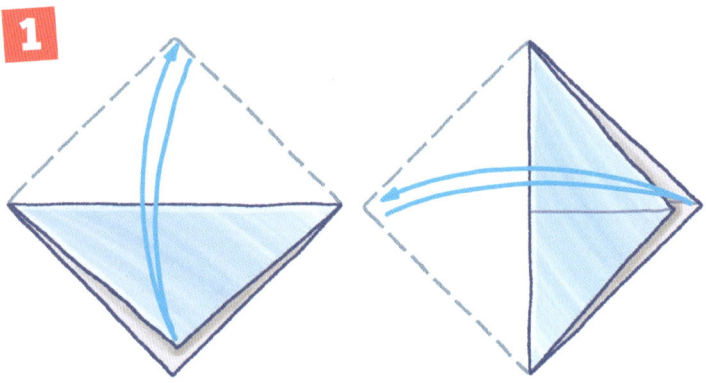

Falte das Origamipapier zweimal diagonal.

2

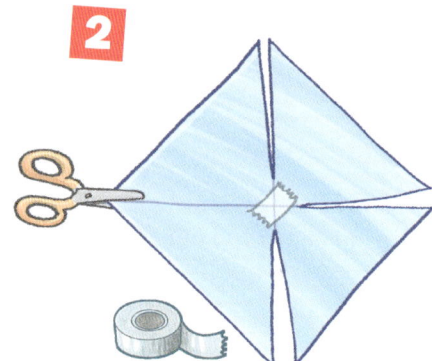

Schneide nun alle Ecken entlang der diagonalen Linien bis 1,5 cm vor dem Mittelpunkt ein. Setze ein kleines Stück Klebeband in den Mittelpunkt.

3

Drehe jede zweite Papierspitze von den Ecken zur Mitte hin und befestige sie dort.

4

Zum Schluss die Windmühle oben an den Holzstab legen, die Reiß-zwecke durch den Mittelpunkt drücken und mit einem kleinen Hammer in den Stab einschlagen. Lass dir dabei am besten von einem Erwachsenen helfen.

Papiermonster

Schnapp, schnapp!

Du brauchst

- Origamipapier in Gelb oder Orange, 15 cm × 15 cm
- Tonpapierreste in Rot
- dünner Filzstift in Schwarz
- Wackelaugen
- Klebstoff

1

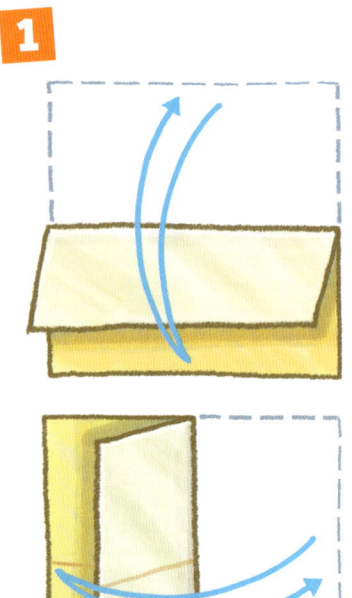

Falte das Papier zweimal in der Mitte und öffne es wieder. Die Seite mit deiner Wunschfarbe oder dem Muster sollte dabei nach unten zeigen.

2

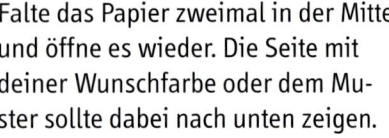

Jetzt klappst du alle vier Ecken zur Mitte.

3

Das Ganze einmal wenden und wieder alle vier Ecken zur Mitte falten.

4

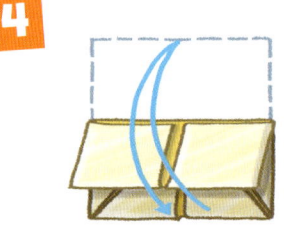

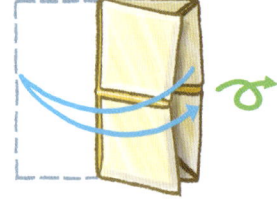

Nun faltest du das Quadrat einmal quer und einmal längs und öffnest es wieder. Dann drehst du die Form wieder um.

5

Es sind jetzt vier Felder entstanden. Greife mit Daumen, Zeigefinger, Mittelfinger und Ringfinger unter jede der vier Papierecken und drücke sie zu einem „Schnapper" zusammen. Stelle dabei die Ecken auf.

6
Jetzt musst du dein Papiermonster nur noch verzieren. Klebe Wackelaugen auf, schneide eine Zunge aus und male lange Wimpern oder einen Kussmund auf. So kannst du dir eine ganze Monsterfamilie zusammenstellen.

Herzen

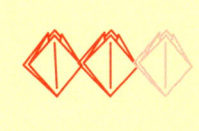

Du brauchst

◆ Origamipapier in Pink, Rot oder Rot gemustert, 15 cm × 15 cm

1

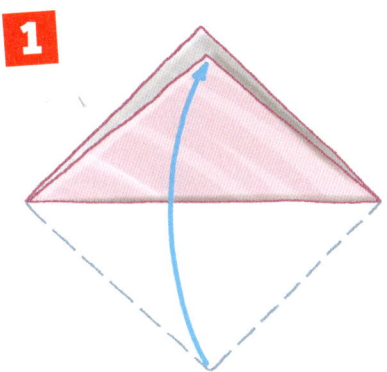

Das Papier liegt mit der bedruckten Seite nach unten vor dir. Klappe die untere Spitze auf die obere, sodass ein Dreieck entsteht.

3

Knicke dann die obere Spitze so nach unten, dass sie ca. 1 cm Abstand zu den entstandenen Faltlinien hat.

5

Knicke die mittleren Spitzen wie eingezeichnet nach innen.

2

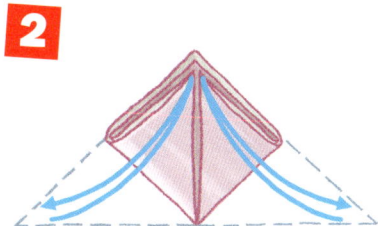

Falte die linke und die rechte Spitze nach oben und wieder zurück.

4

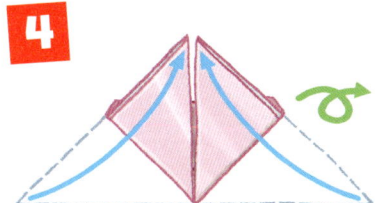

Falte die Spitzen wieder nach oben und drehe deine Form um.

6

Schließlich faltest du noch die oberen Spitzen auf die kleinen Dreiecke. Drehe das Herz um. Jetzt kannst du es deiner Mama zum Muttertag schenken.

Tipp

Verschenke kleine Botschaften! Schreibe oder male vor dem Falten einen Gruß auf die Herz-Rückseite.

Schachtel

für kleine Kostbarkeiten

1

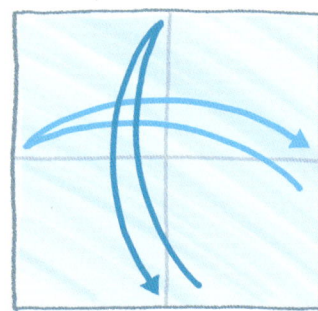

Lege das Papier mit der bedruckten Seite nach unten vor dich hin. Falte das Papier zweimal in der Mitte und öffne es wieder.

2

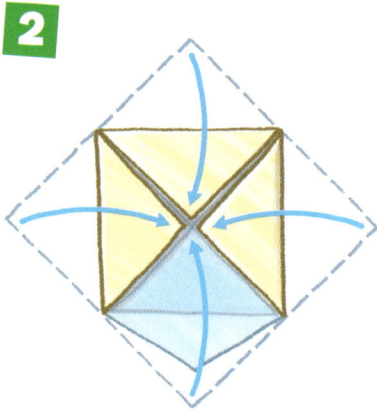

Knicke alle vier Ecken zum Mittelpunkt.

3

Klappe nun die obere und die untere Kante, wie die beiden Türen eines Kleiderschranks, zum Mittelpunkt und öffne sie wieder. Das gleiche wiederholst du mit der linken und rechten Kante.

4

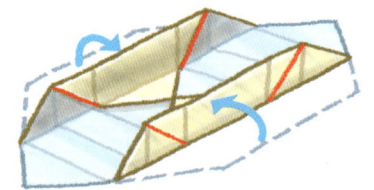

Falte die linke und die rechte Ecke wieder nach außen und klappe den oberen und unteren Rand wie abgebildet nach oben.

5

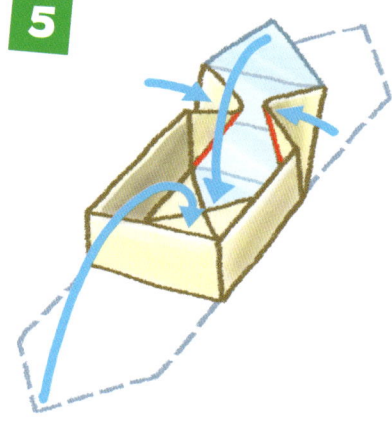

Nun stellst du den Rand an der linken und rechten Seite auf. Greife dafür unter die Spitze und drücke die markierten Faltkanten nach innen, dadurch kommt der Rand automatisch nach oben. Knicke dann die Spitze über den Rand in die Mitte der Schachtel, sodass der Rand befestigt wird.

6

Du hast jetzt den Deckel für deine Schachtel gefaltet. Für das Unterteil schneidest du an jeder Seite des Origamipapiers 5 mm ab und faltest es dann genauso wie den Deckel.

Fischgeblubber

im tiefen Meer

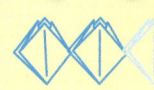

Du brauchst
- Origamipapier in Blautönen
  10 cm × 10 cm und
  15 cm × 15 cm
- Wackelaugen
- feiner Filzstift in Schwarz
- Schere

1

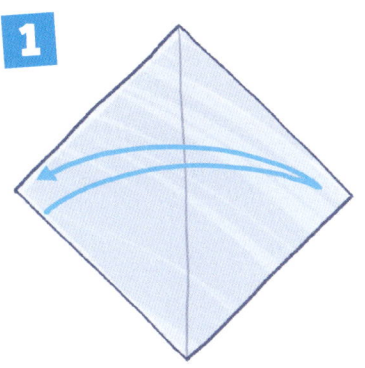

Lege das Blatt mit der dunklen Seite nach unten vor dich hin und falte es einmal diagonal zusammen.

3

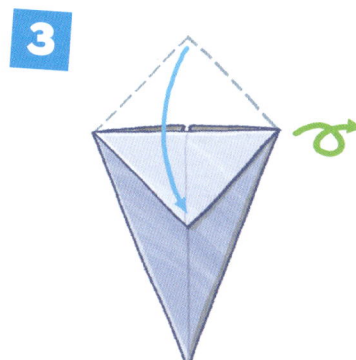

Nun klappst du die kurze Spitze dieser Drachenform nach vorne um.

5

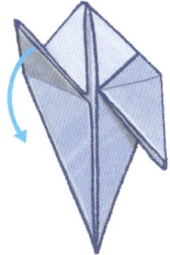

Klappe die Dreiecke wie abgebildet nach unten, damit dein Fisch Flossen bekommt.

2

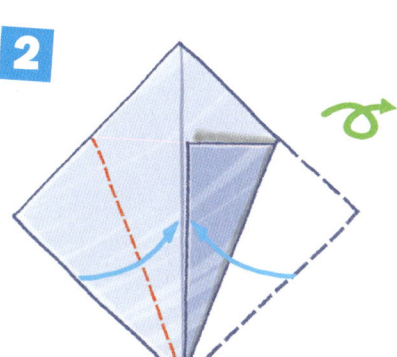

Öffne die Faltung wieder und knicke die beiden Kanten an den gestrichelten Linien zur Mittellinie. Drehe deine Form um.

4

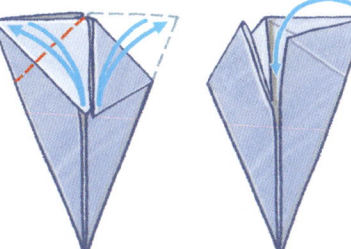

Wende deine Form und falte die oberen beiden Ecken an die Mittellinie. Öffne diese Faltung wieder und drücke die Ecken mit einer Tütenfaltung (siehe Seite 5) so nach innen, dass zwei Dreiecke entstehen.

6

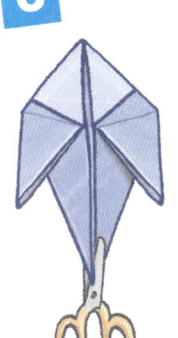 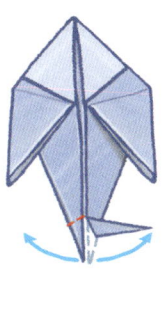

Für die Schwanzflossen schneidest du den Schwanz an der Mittellinie ca. 1 cm tief ein und knickst dann die beiden Spitzen nach außen.

7 Jetzt fehlt deinem Fisch nur noch das Gesicht: Klebe die Wackelaugen auf und male einen Mund.

Tipp

Falls du kein zweifarbiges Papier hast oder du deinem Fisch gemusterte Flossen machen möchtest, kannst du aus Tonpapierresten einfach die passenden Stücke ausschneiden und sie nachträglich aufkleben.

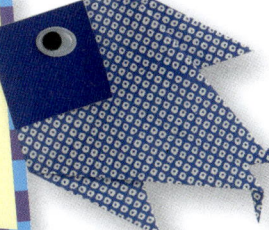

Vögelchen

fliegen von Ast zu Ast

Du brauchst

- Origamipapier in Pink-Weiß oder Pink-Rosa, 15 cm × 15 cm
- Wackelaugen
- Klebstoff
- Schere

1   Folge den Schritten 1-5 der Anleitung für den Fisch auf Seite 26/27.

2

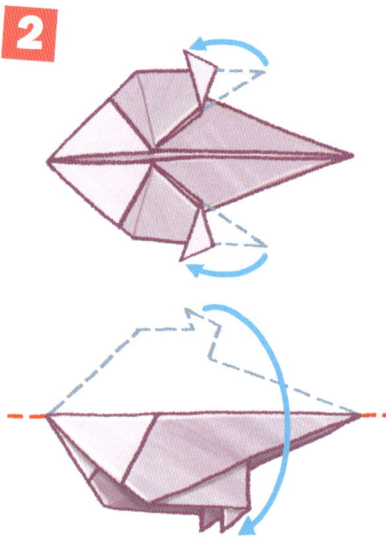

Knicke die Spitzen der späteren Flügel ein Stück nach oben um und klappe die Faltung so zusammen, dass die so entstandenen Füße dabei innen liegen.

3

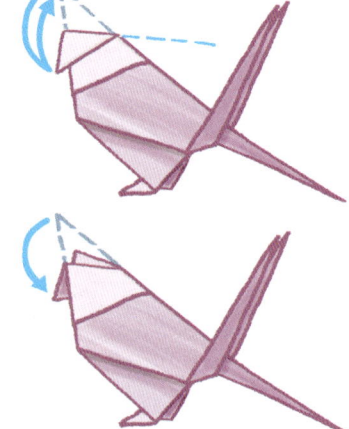

Jetzt schneidest du am Schwanz des Vogels links und rechts neben der Knickkante bis zu den Füßen ein und faltest die so entstandenen Streifen wie abgebildet nach schräg oben zu Flügeln.

4

Knicke an der eingezeichneten Linie die Spitze am Vogelkopf mit einer Tütenfaltung nach innen (siehe Seite 5). Achte darauf, dass die Spitze an der Seite etwas herausschaut, damit dein Vogel auch einen Schnabel bekommt.

5   Zuletzt klebst du die Wackelaugen auf. Kannst du die Vögel schon zwitschern hören?

Tipp

Wenn du den Vogel mit einem gemusterten Papier faltest, sieht es aus, als ob er ein außergewöhnliches Federkleid hätte. Probiere es aus!

Schiffchen

auf hoher See

Du brauchst

◆ gemustertes Papier, A4

1 Fertige zuerst den Malerhut an, wie auf Seite 14/15 beschrieben.

2

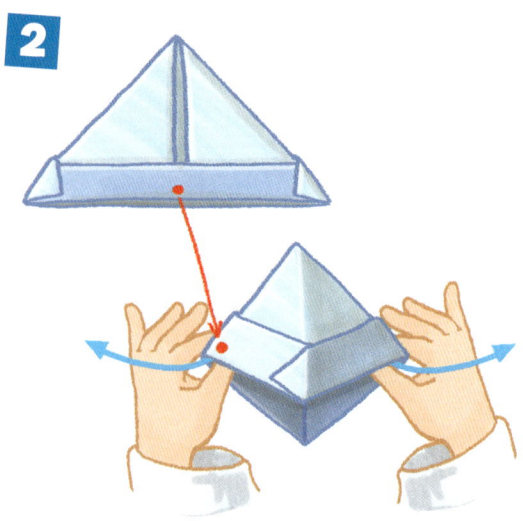

Greife mit den Daumen in die Öffnung des Hutes und führe die beiden Ecken in der Mitte zusammen, sodass ein Quadrat entsteht.

3

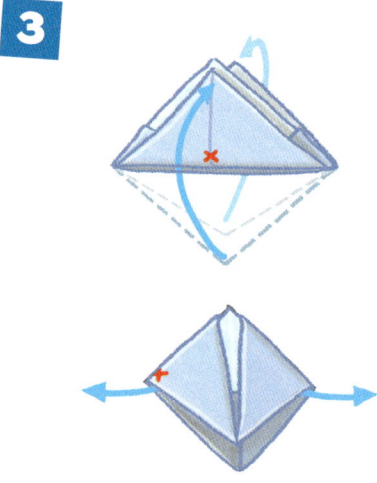

Falte jeweils vorne und hinten die unteren Ecken nach oben . Dann wiederholst du Schritt 2 noch einmal.

Tipp

Damit dein Boot besser schwimmt oder steht, drücke alle Kanten nach dem Auseinanderfalten noch einmal flach und forme mit den Daumen den unteren Hohlraum deines Schiffchens aus.

4

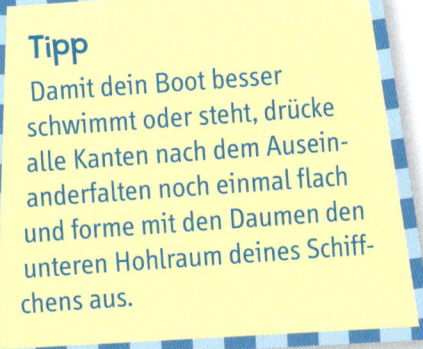

Schließlich nimmst du die oberen Spitzen und ziehst sie nach außen. So entfaltet sich dein Boot.

Kätzchen

Wer schnurrt lauter?

Du brauchst pro Modell

◆ 2 Blatt Origamipapier in
Schwarz-Weiß,
15 cm × 15 cm oder Orange-
Weiß, 10 cm × 10 cm

◆ Buntstifte

◆ Wackelaugen

◆ Klebstoff

Die Katze besteht aus zwei Teilen: dem Kopf und dem Körper. Zuerst wird der Körper gefaltet.

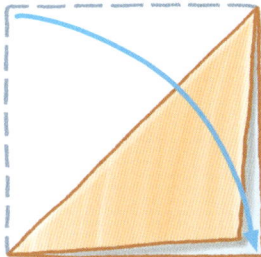

Lege das Papier mit der farbigen Seite nach unten vor dich hin und klappe es einmal diagonal zusammen.

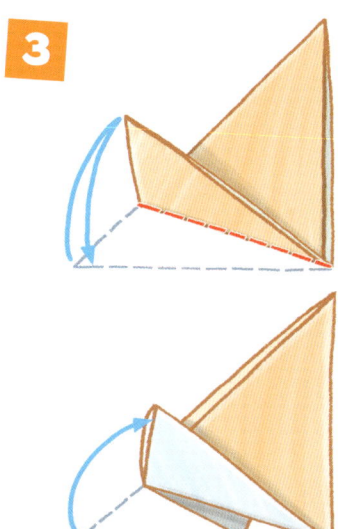

Stülpe dann die untere linke Ecke an der gestrichelten Linie nach außen um (siehe Mützenfaltung Seite 5). Der Körper ist jetzt fertig.

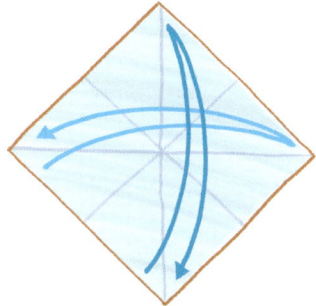

Beim Kopf zeigt die farbige Seite des Papiers ebenfalls nach unten. Falte das Papier zweimal in der Mitte und zweimal diagonal und öffne alles wieder.

Jetzt klappst du das Papier diagonal zusammen und drückst die Spitzen links und rechts mit der Tütenfaltung (siehe Seite 5) nach innen.

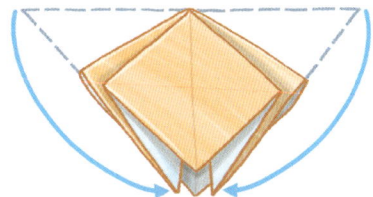

Ziehe die innen liegenden Spitzen nach oben und streiche alles glatt. So entstehen die Ohren.

Knicke die Spitze zwischen den Ohren nach hinten um und klappe die oberste Lage der unteren Spitze nach oben um. Falte die untere Papierlage nach innen und knicke ein kleines Stück der außen liegenden Spitze wieder nach unten.

Klebe nun Körper und Kopf zusammen, indem du den Kopf auf die Spitze des Körpers steckst.

Am Ende klebst du deiner Katze noch Augen auf und malst ihr Schnurrhaare und ein getigertes Fell.

Segelboot

in Sommerlaune

1 Folge zunächst den Schritten 1-4 der Anleitung für das Windrad auf Seite 38/39.

2

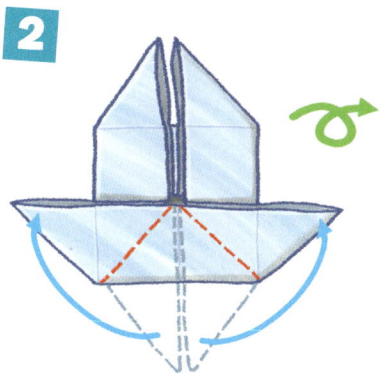

Falte die unteren Spitzen nach außen und drehe deine Form um.

3

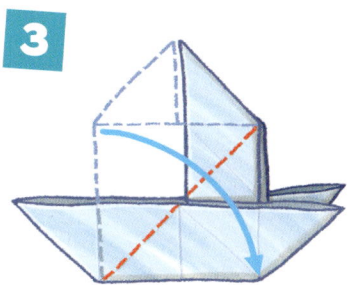

Zuletzt klappst du noch die obere linke Spitze auf die äußere rechte Spitze und streichst alles schön glatt.

4

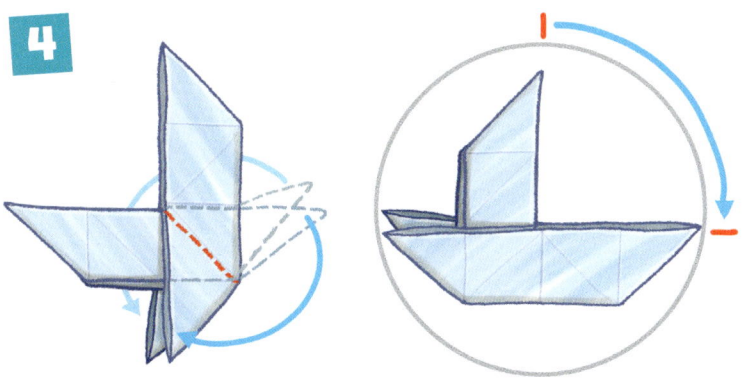

Dein Boot fährt jetzt nach links. Soll dein Boot nach rechts fahren, lässt sich das ganz einfach ändern. Klappe die hinteren beiden Enden entlang der gestrichelten Linie nach unten um und drehe die Form um 90° nach rechts. Nun fährt es in die gewünschte Richtung.

5 Falte mehrere Schiffchen aus Schwimmpapier, dann kannst du mit deinen Freunden in der Badewanne oder einem Schwimmbecken ein Wettrennen veranstalten!

Tipp

Du kannst dein Segelboot auch in einen Dampfer verwandeln. Dafür musst du nur das oberste Dreieck des Segels mit einer Tütenfaltung (siehe Seite 5) nach innen klappen und schon hast du einen Dampfer.

Sprungfeder
Überraschung aus der Schachtel

Du brauchst
- Origamipapier, gemustert, 10 cm × 10 cm oder 15 cm × 15 cm
- Origamipapierrest in passender Farbe
- Motivstanzer: Stern oder Blüte, ø ca. 2,5 cm
- Klebstoff
- Schere

1 Fertige zunächst eine Schachtel an, wie auf Seite 24/25 beschrieben.

2 Für die Sprungfeder brauchst du zwei schmale Streifen. Wenn du deine Schachtel aus einem 15 cm × 15 cm großen Papier gemacht hast, sollten deine Streifen 30 cm lang sein und 2 cm breit. Hast du deine Schachtel aus einem 10 cm × 10 cm großen Papier angefertigt, müssen die Streifen 15 cm lang und 1,5 cm breit sein.

3

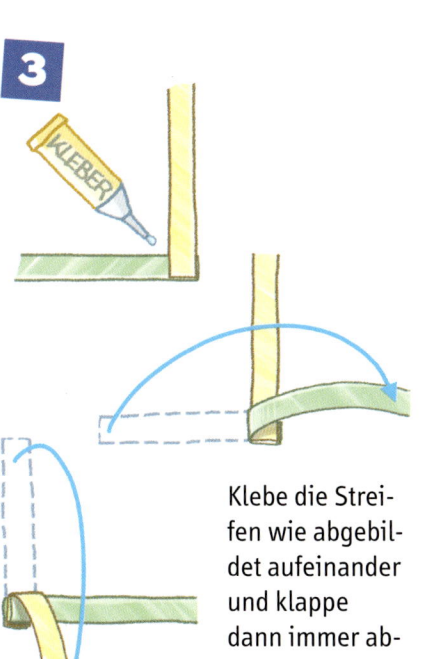

Klebe die Streifen wie abgebildet aufeinander und klappe dann immer abwechselnd die Streifen quer übereinander.

4

Hast du das Ende erreicht, schneidest du evtl. überstehende Stücke ab und klebst die Enden bündig aufeinander.

5

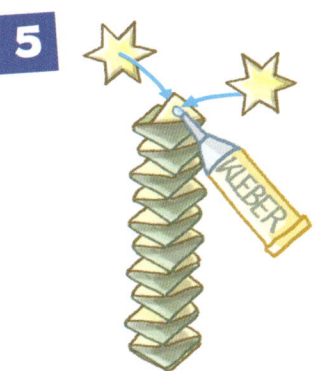

Klappe von der oberen Fläche ein kleines Dreieck nach oben, stanze zwei Sterne (oder Blumen) aus und klebe sie vorn und hinten daran fest.

6

Schließlich klebst du die Sprungfeder in das Unterteil der Schachtel und stülpst den Deckel darüber. Öffnet nun jemand die Schachtel, springt ihm ein Stern entgegen.

Tipp
Du kannst auch mehrere Sprungfedern in eine Schachtel kleben. Dafür musst du die Streifen nur schmaler schneiden, damit alle Federn Platz finden. Besonders lustig wird es, wenn die Sprungfedern auch noch unterschiedlich lang sind.

Windrad

als hübsche Deko

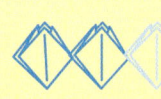

Du brauchst
- Origamipapier, gemustert, 20 cm × 20 cm oder 15 cm × 15 cm
- Reiszwecken in passenden Farben
- Holzstab, ca. 20 cm lang

1

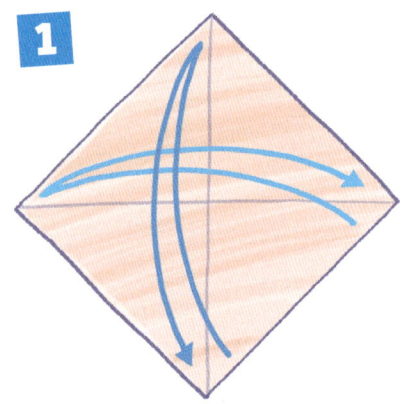

2

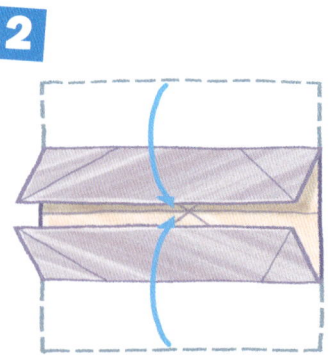

Lege das Blatt mit der farbigen Seite nach unten vor dich hin. Knicke es zweimal in der Mitte und zweimal diagonal und öffne alles wieder.

Falte dann die obere und die untere Kante auf die Mittellinie.

3

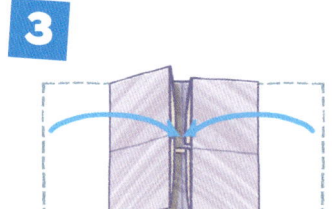

Danach klappst du die rechte und linke Kante zur Mitte.

4

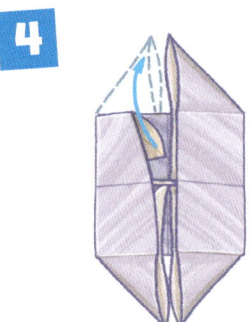

Die nun innen liegenden Zipfel ziehst du an allen vier Seiten als dreieckige Lasche nach außen.

5

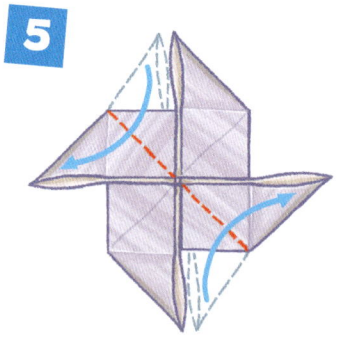

Jetzt noch die obere linke Lasche und die untere rechte Lasche an den gestrichelten Linien umklappen – und du hast ein Windrad gefaltet.

6

Befestige dein Windrad mit einer Reiszwecke und einem kleinen Hammer an einem Holzstab. Lass dir dabei am besten von einem Erwachsenen helfen.

Tipp

Willst du wissen, wie aus einem Windrad ein Dampfer wird? Dann schau auf Seite 35/36 nach.

Fächerblüten

zum Schmücken und Verschenken

Du brauchst

- Origamipapier, gemustert oder einfarbig, 15 cm × 15 cm
- Tonpapierrest
- Kordel
- Klebstoff
- Schere

1 Knicke das Papier einmal mittig und zerschneide es entlang der entstandenen Linie in zwei Hälften. Du brauchst jeweils nur einen der beiden Streifen.

2

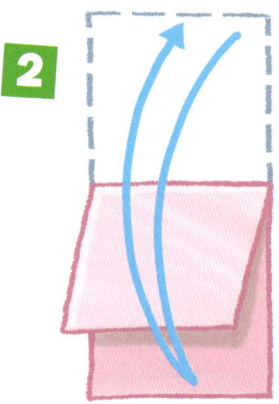

Klappe das Papier einmal in der Mitte zusammen und öffne es wieder.

3

Knicke die äußeren Kanten (oben und unten) zur Mittellinie und wieder zurück.

4

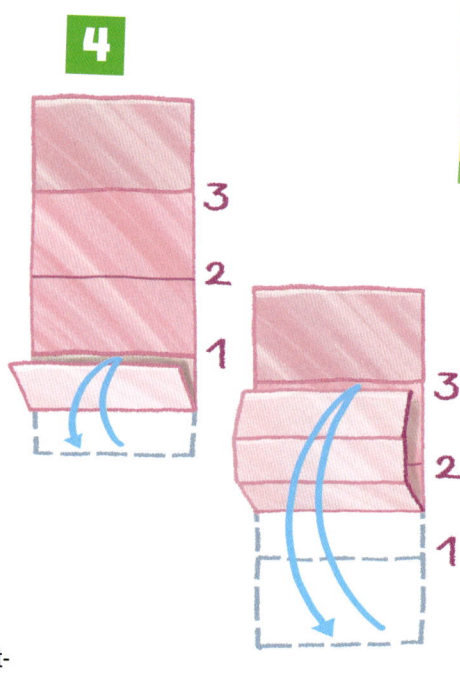

Falte den unteren Rand zur ersten Knickkante und dann zur dritten Knickkante über der Mittellinie und wieder zurück. Das gleiche machst du auch mit dem oberen Rand.

5

Drehe das Papier um und falte nun die untere und obere Kante an jede Knickkante.

6

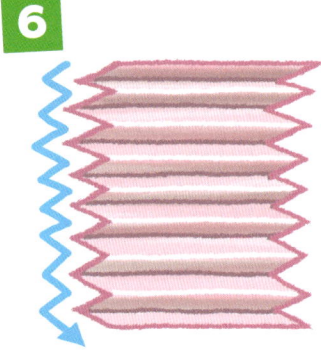

Wenn du fertig bist, drückst du alle Knickkanten zu einer Ziehharmonika zusammen.

7

Jetzt wickelst du eine Kordel in der Mitte herum und klebst die gegenüber liegenden Seiten zu einer Blume zusammen. Setze noch einen Kreis in die Blütenmitte und klebe sie dann an einen Stab, so hast du einen schönen Blumenstecker.

Mäuschen

Mäuschen, piep einmal!

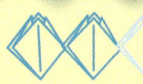

Du brauchst

- Origamipapier in Grau, 15 cm × 15 cm
- Tonpapierreste in Rosa
- Wackelaugen
- Buntstift in Schwarz
- Klebstoff
- Locher

1

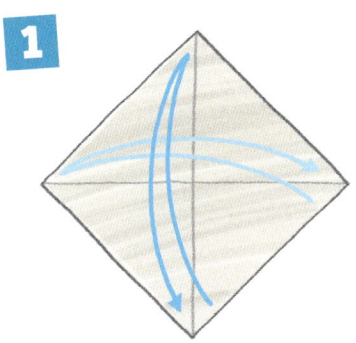

Falte das Papier zweimal in der Mitte und öffne es wieder.

2

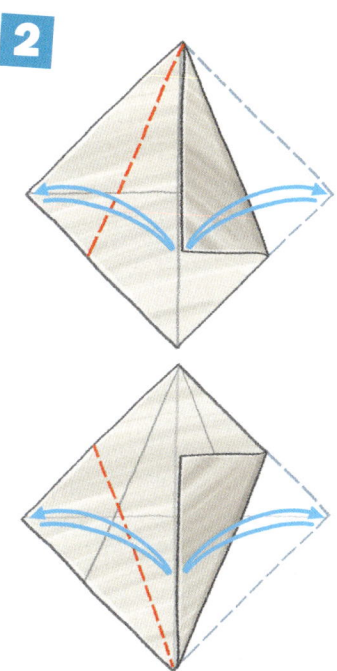

Knicke an einer Ecke die Kanten zur Mittellinie hin und wieder zurück. Wiederhole das an der gegenüberliegenden Ecke.

3

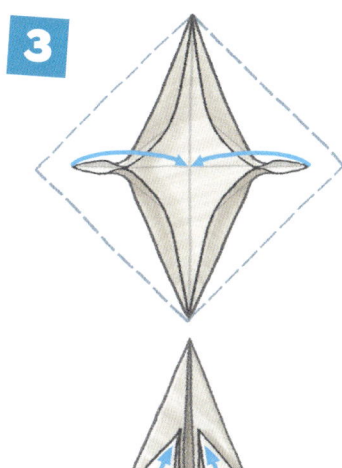

Greife nun die linke und rechte Ecke und schiebe das Papier zu einer Drachenform zusammen. Die beiden Ecken stehen jetzt als Spitzen nach oben. Streiche sie nach vorn glatt.

4

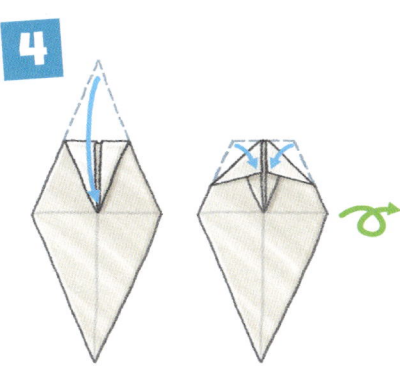

Drehe die Form um und knicke die obere Spitze zur Mitte. Falte die entstandenen Ecken zur Mittellinie.

5

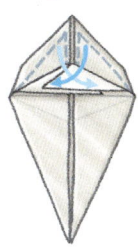

Wende die Form wieder und falte die oberen Spitzen wie abgebildet übereinander. Achte darauf, dass du hierbei nur die oberste Papierlage nimmst.

6

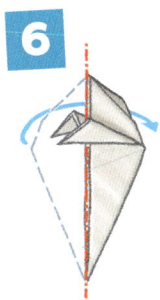

Klappe das Papier an der Strichpunktlinie zusammen, so entsteht deine Maus.

7

Knicke den Schwanz an den eingezeichneten Linien einmal nach hinten und einmal nach vorn. Zuletzt gibst du der Maus noch ein Gesicht. Klebe Wackelaugen und Nase (ausgelochte Papierkreise) an und male mit Buntstift Schnurrhaare auf.

Wundertüte

Jetzt wird gezaubert!

1

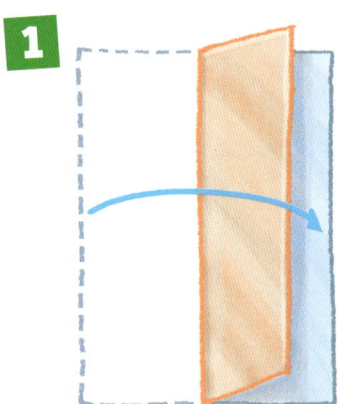

Lege das Papier mit der gemusterten Seite nach unten vor dich hin und klappe es einmal längs in der Mitte zusammen.

2

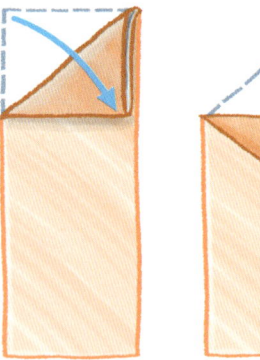

Falte die obere linke Ecke zur rechten Kante und knicke das entstandene Dreieck wie abgebildet nach unten.

3

Falte dann die obere rechte Ecke zur linken Kante. Achte darauf, dass du alles sehr sauber faltest, damit später nichts übersteht. Da hier sehr viele Papierlagen übereinander liegen, hilft es, die Kanten mit einem Falzbein nachzuziehen.

4

Klappe nun die untere rechte Ecke nach oben.

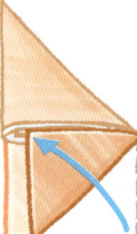

5

Knicke die so entstandene Lasche einmal nach hinten um und wieder zurück.

6

Dann schiebst du sie vollständig in die mittlere Öffnung der Zaubertüte.

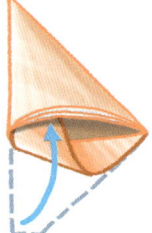

7

Deine Tüte ist jetzt fertig und du kannst sie mit Sternen verzieren. Achte dabei unbedingt darauf, dass du die Tüte auf beiden Seiten genau gleich verzierst.

So zauberst du

Deine Wundertüte hat vier Fächer: Eines, das nach oben zeigt, drei an der Seite. Stecke in alle drei Fächer verschieden große Münzen, das einzelne Fach bleibt frei. Drehst du deine Tüte unauffällig, kannst du Münzen hervorzaubern, verschwinden lassen und austauschen. Am besten übst du das erst Mal allein vor dem Spiegel, bevor du deine Zauberkunst vor Publikum vorführst.

Blumenwiese

für dein Fenster

Du brauchst

◆ Transparentpapier in Hellgrün, Gelb und Rot
◆ Klebstoff
◆ Schere

1 Schneide für jedes Blatt oder Blütenblatt ein Rechteck mit den Maßen 5 cm × 3 cm aus.

2

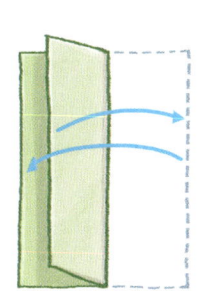

Falte alle Rechtecke einmal längs in der Mitte und öffne sie wieder.

3

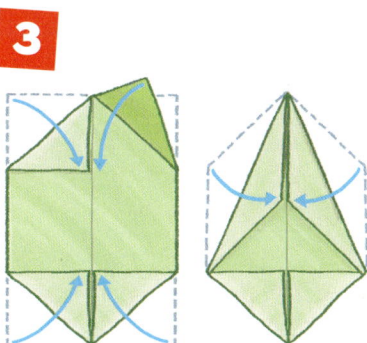

Knicke dann alle vier Ecken zur Mittellinie. Bei den Blättern faltest du die oberen Kanten noch einmal zur Mittellinie, dann sind sie fertig.

4

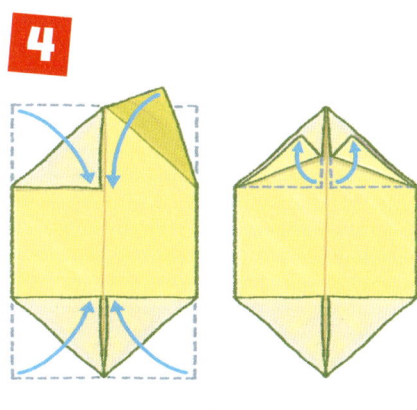

Für die Blütenblätter faltest du die oberen Spitzen wie abgebildet zur entstandenen Knickkante zurück. Dann knickst du zuerst die oberen und dann unteren Kanten zur Mittellinie.

5

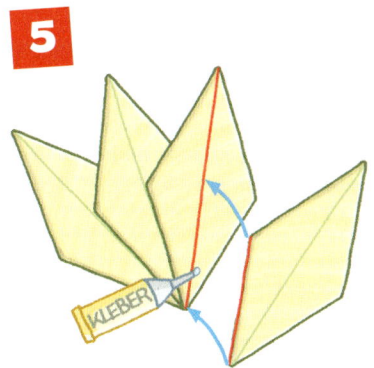

Setze deine Blüten zusammen. Lege dafür das obere Blütenblatt immer an die Mittellinie des unteren an und klebe sie übereinander fest.

6

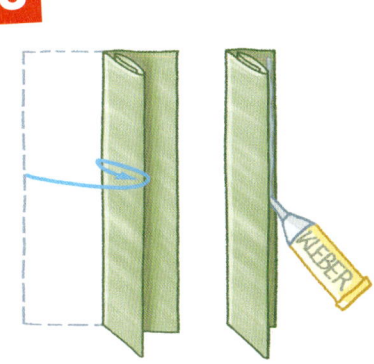

Schneide einen 3 cm × 7 cm großen Streifen zurecht. Falte ihn an der Längsseite ca. 1 cm nach innen und klappe dieses Stück immer wieder nach innen um, sodass ein Stiel entsteht. Damit sich der Stiel nicht wieder auseinander wickelt, klebst du das Reststück am Stiel fest.

7

Zum Schluss klebst du Blüte und Blätter am Stiel fest. Die nicht gefaltete Seite zeigt nach vorn.

Raumschiffe

Besuch aus dem All

Du brauchst

- Origamipapier in Grün oder Türkis, 15 cm × 15 cm
- Klebesterne in Silber oder Gelb

1

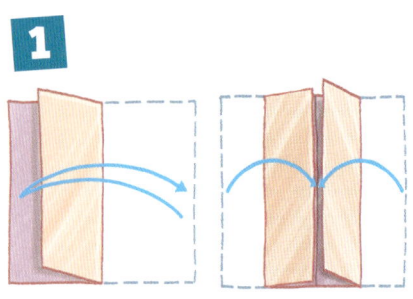

Falte das Papier einmal in der Mitte zusammen, öffne es wieder und knicke die rechte und die linke Kante zur Mittellinie.

2

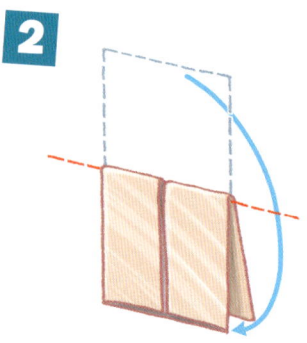

Klappe das Rechteck einmal in der Mitte nach hinten zusammen.

3

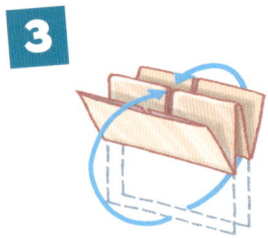

Falte die untere Kante des Quadrats vorne und hinten nach oben.

4

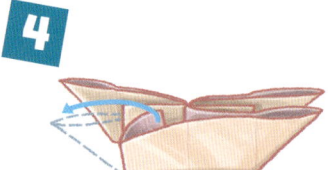

Ziehe nun wie beim Windrad (siehe Seite 38/39) vorn und hinten an beiden Seiten Dreiecke nach außen.

5

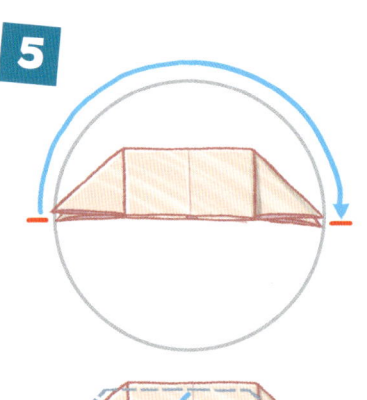

Drehe die Form um 180°, sodass die kurze Seite jetzt oben ist und klappe die obere Papierlage nach unten.

6

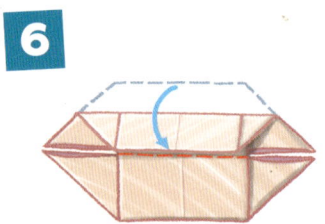

Dann knickst du die obere Papierlage zur Mitte.

7

Klappe den unteren Teil wieder an der Mittellinie nach oben.

8

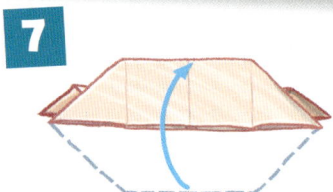

Falte die äußeren Spitzen an den gestrichelten Linien nach unten.

9

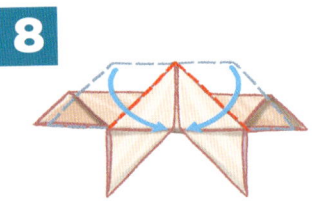

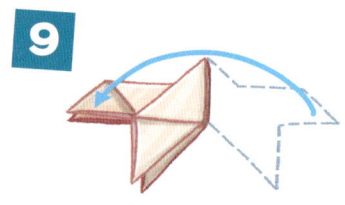

Klappe das Raumschiff in der Mitte zusammen und knicke dann auf beiden Seiten die Flügel an den gestrichelten Linien nach unten.

10 Zum Schluss kannst du dein Raumschiff noch mit Klebesternen verzieren.

Frösche

hüpfen um die Wette

Du brauchst

- Origamipapier in Grün oder Grün gemustert, 15 cm × 15 cm
- Wackelaugen
- Klebstoff
- Schere

1 Knicke das Papier einmal mittig und zerschneide es entlang dieser Linie in zwei Hälften. Für deinen Frosch brauchst du nur eine der beiden Hälften.

2

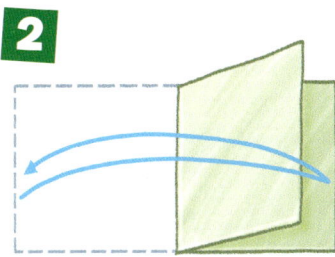

Falte das Rechteck einmal mittig, sodass ein Quadrat entsteht.

3

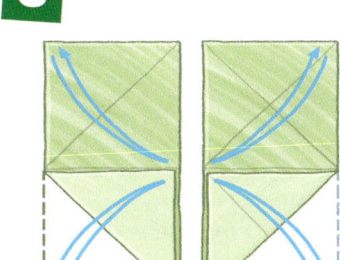

Öffne die Faltung wieder und knicke jede Ecke des Rechtecks zur Mittellinie und wieder zurück, sodass jeweils oben und unten ein Kreuz entsteht.

4

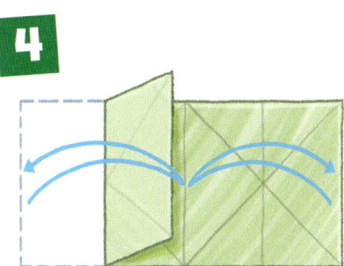

Dann faltest du die beiden kurzen Kanten zur Mittellinie und öffnest alles wieder.

5

Forme jedes Quadrat mithilfe der Tütenfaltung (siehe Seite 5) zu einem Dreieck um.

6

Nun die unteren Spitzen jedes Dreiecks zur oberen Spitze hin falten.

7

Knicke die inneren Kanten zur gerade entstandenen Kante nach außen. So entstehen die Froschfüße.

8

Drehe die Form um und klappe das Quadrat einmal diagonal zusammen.

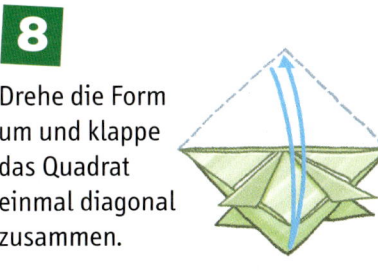

9

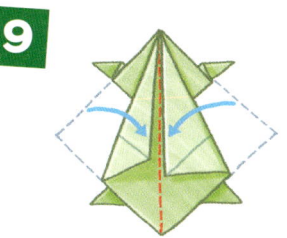

Falte die oberen Kanten an die so entstandene Linie.

10

Klappe die untere Spitze des Körpers nach oben und stecke die Ecken der Dreiecke in die Taschen der Spitze. Klebe die Wackelaugen auf.

11

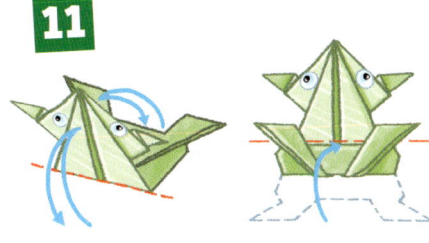

Damit dein Frosch springen kann, klappst du den Körper einmal in der Mitte zusammen, sodass die Füße aufeinander liegen. Dann faltest du das Hinterteil auf die entstandene Knickkante. Tippst du jetzt mit dem Zeigefinger auf die Papierkante, springt dein Frosch nach vorn.

Fledermäuse

nächtliches Geflatter

Du brauchst

- Origamipapier in Schwarz-Weiß oder Grau-Weiß, 15 cm × 15 cm
- Wackelaugen
- Lackstift in Weiß und Schwarz

1

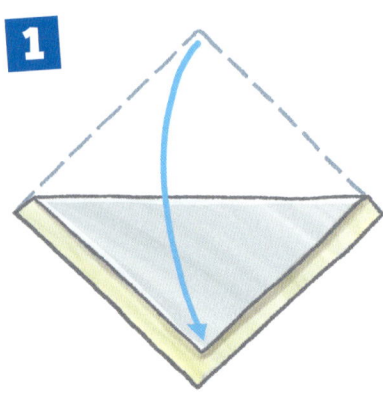

Lege das Papier mit der farbigen Seite nach unten vor dich hin und falte es wie abgebildet nach innen.

2

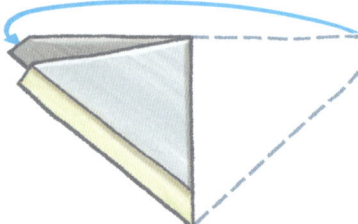

Klappe das Dreieck mittig nach hinten zusammen.

3

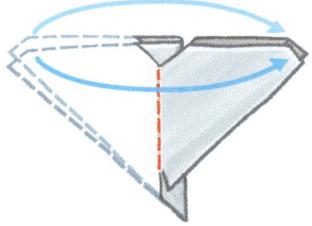

Dann schneidest du das Papier an den beiden markierten Stellen ein Stückchen ein (oben ca. 2 cm, unten ca. 1 cm) und knickst vorne und hinten die Flügel entlang der gestrichelten Linie nach oben.

4

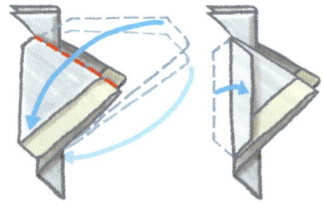

Klappe die Flügel auf Kopfhöhe wieder nach unten und falte jeweils einen schmalen Außenstreifen nach oben.

5

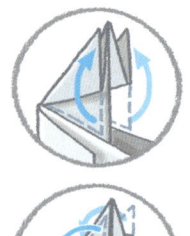

Knicke nun am Kopf auf beiden Seiten die Hälfte des Dreiecks nach hinten. Dann faltest du die äußersten Spitzen an die Außenkante und klappst sie wieder nach unten.

6

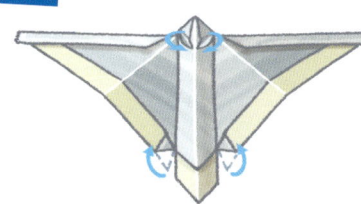

Zum Schluss noch die Flügel auseinander ziehen, die Ohren aufstellen und an den eingeschnittenen Stellen zwei kleine Dreiecke zur Seite knicken. Male mit Lackmalstift noch Augen auf oder klebe lustige Wackelaugen an.

Tipp

Wenn du dir für deine Fledermaus Magic Paper Regenbogenpapier besorgst, kannst du mit dem beigelegten Holzstift am Ende ein cooles Muster auf die Flügel malen.

Schweinchen

Wer grunzt denn da?

1

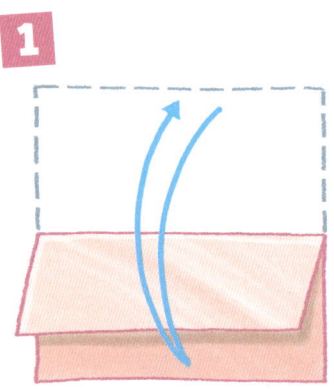

Falte dein Papier einmal quer in der Mitte zusammen und öffne es wieder.

2

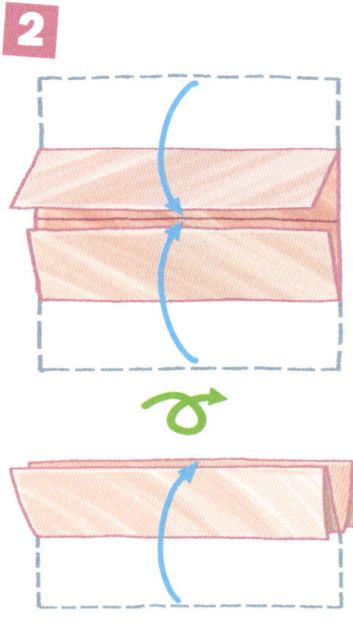

Klappe die obere und die untere Kante zur Mittellinie und drehe deine Form um. Dann knickst du die untere Kante nach oben.

3

Falte die beiden oberen Ecken vorne und hinten an der gestrichelten Linie nach unten und wieder zurück.

4

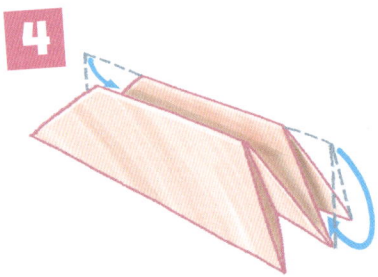

Nun drückst du alle vier Ecken im Gegenknick nach innen (siehe auch Tütenfaltung Seite 5).

5

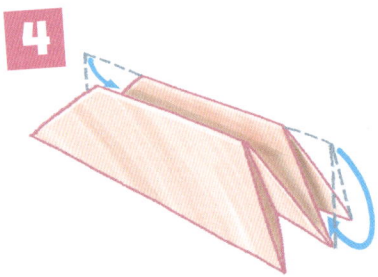

Knicke alle vier Spitzen an den gestrichelten Linien nach innen. Auf der linken Seite klappst du dann beide Ecken wieder zurück.

6

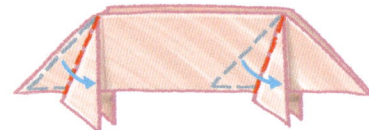

Für die Beine faltest du jetzt alle Ecken an den gestrichelten Linien nach vorn.

7

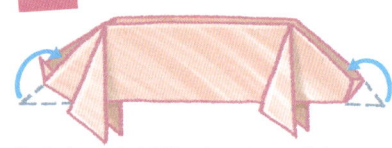

Drücke mit Hilfe der Tütenfaltung links und rechts die Spitzen nach innen, sodass Schnauze und Schwanz entstehen. Die Spitze vom Schwanz guckt oben noch etwas raus, während die Spitze der Schnauze ganz innen liegt.

8

Zuletzt bekommt dein Schwein noch Augen und eine Schweinenase. Schon grunzt es von überall!

Glückspilze
zum Verschenken

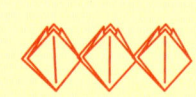

Du brauchst
- Origamipapier in Rot-Weiß, 15 cm × 15 cm
- Kopierpapierrest in Weiß
- Locher
- Klebstoff

1

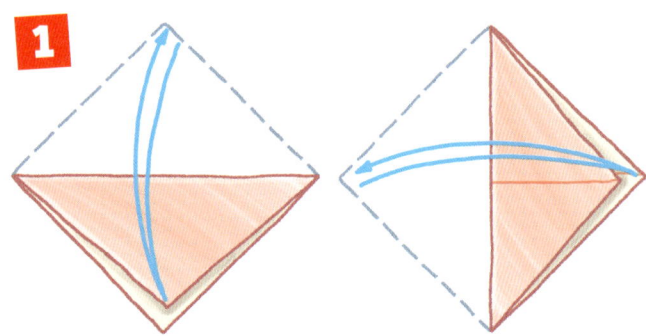

Lege das Papier mit der roten Seite nach unten vor dich hin, falte es zweimal diagonal und öffne es wieder. Du siehst jetzt ein gefaltetes Kreuz auf deinem Papier.

2

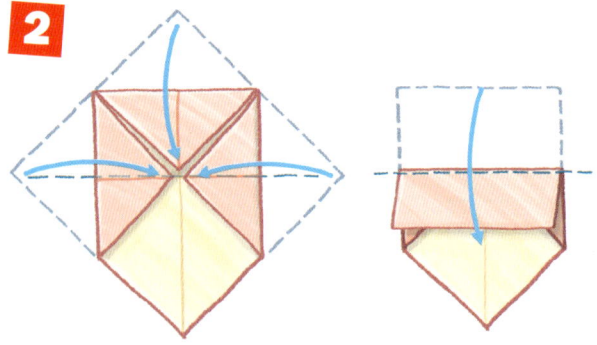

Knicke drei der Ecken zum Mittelpunkt und klappe dann die obere Kante an der gestrichelten Linie nach unten.

3

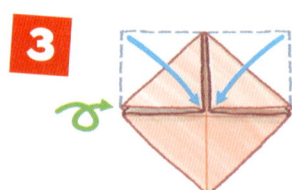

Wende das Papier und falte die oberen beiden Ecken zur Mittellinie, sodass wieder ein Quadrat entsteht.

4

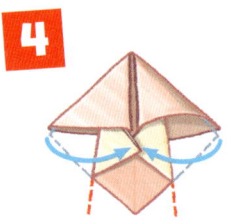

Knicke die unterste Papierlage an den Ecken links und rechts an der gestrichelten Linie nach innen. Das ist etwas knifflig, da du das Papier erst unter den oben gefalteten Dreiecken hervor zur Mitte ziehen musst. Beachte: Die Kanten werden nicht komplett zur Mittellinie gefaltet, es berühren sich nur die äußeren Spitzen in der Mitte!

5

Jetzt faltest du die obere und untere Spitze wie abgebildet nach innen.

6

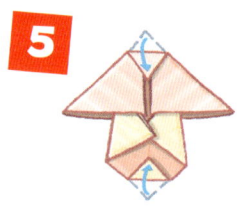

Wende den Pilz und lege die äußeren Spitzen des roten Schirms, wie es dir am besten gefällt, mit der Tütenfaltung (siehe Seite 5) nach innen.

7

Zum Schluss stanzt du noch aus weißem Papier Punkte aus, die du auf den Pilz klebst – fertig ist der Glücksbringer.

Würfel

Sechs gewinnt!

Du brauchst pro Modell

- 2 Blätter Origamipapier 15 cm × 15 cm
- Papierrest in passender Farbe
- Lineal
- Bleistift
- Locher
- Klebstoff

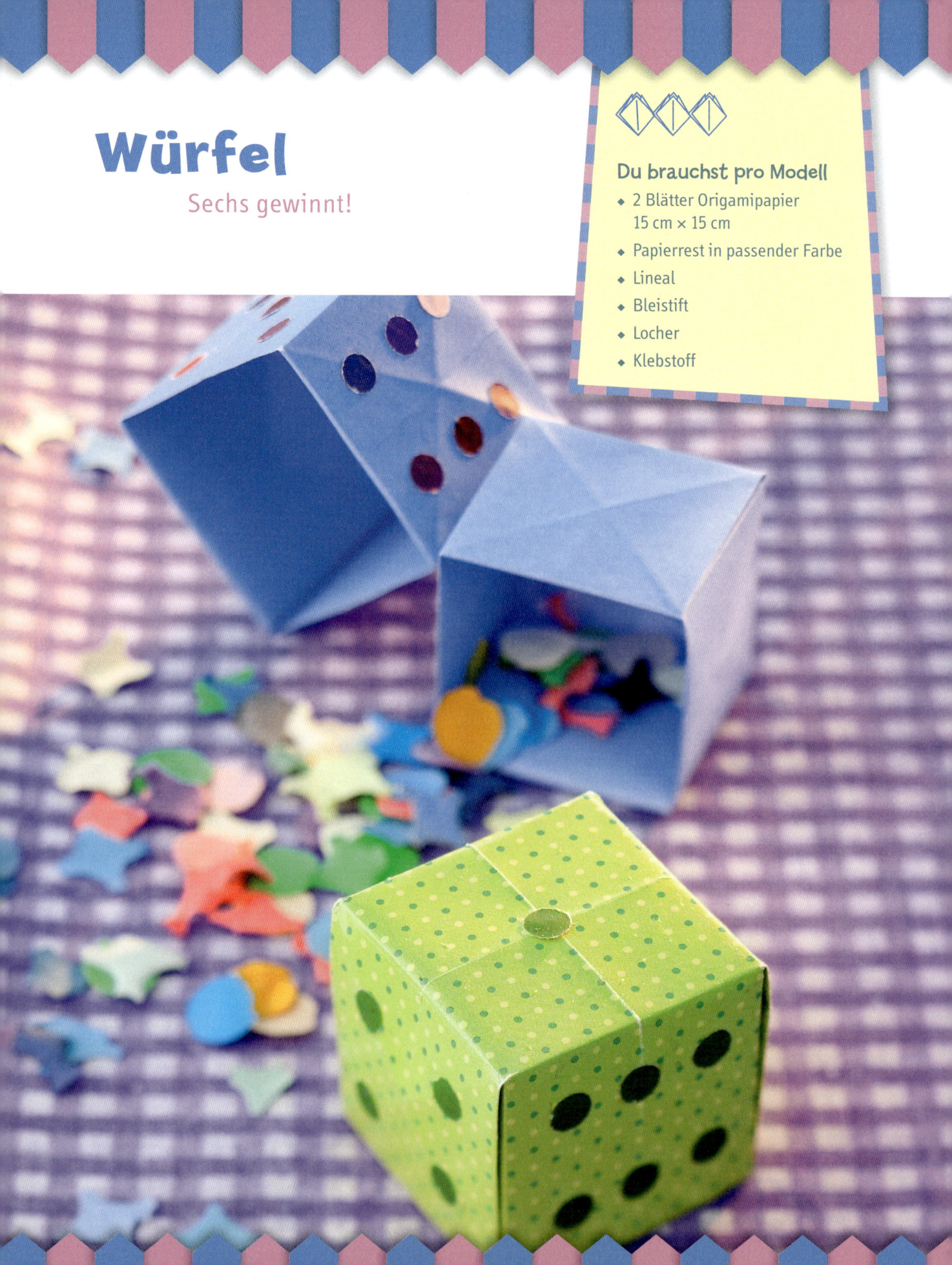

1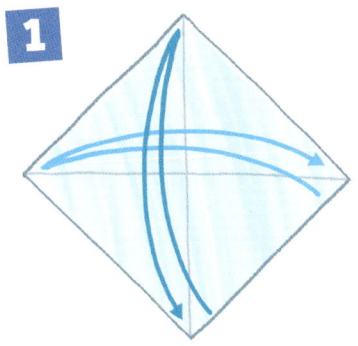

Lege das Papier mit der bedruckten Seite nach unten vor dich hin. Falte das Papier zweimal diagonal und öffne es wieder.

2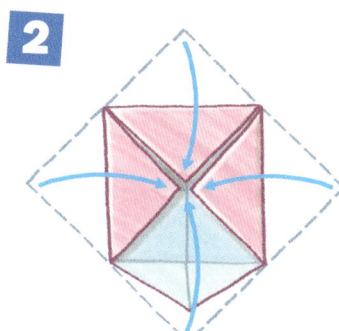

Knicke alle vier Ecken zum Mittelpunkt.

3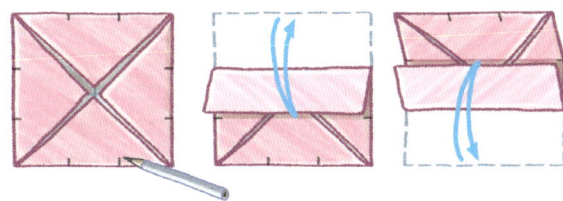

Zeichne an allen vier Kanten alle 3,5 cm eine kleine Markierung mit dem Bleistift ein. Lass dir dabei am besten von einem Erwachsenen helfen. Klappe nun die obere und die untere Kante an den Markierungen nach innen und öffne sie wieder.

4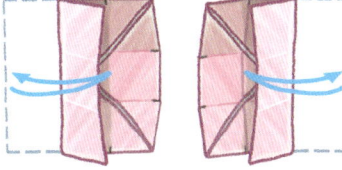

Das Gleiche wiederholst du mit der linken und rechten Kante.

5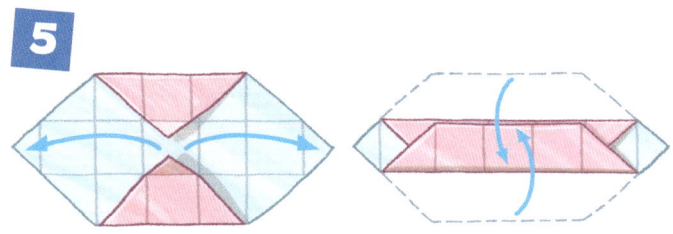

Klappe die linke und rechte Ecke wieder nach außen und lege das obere und untere Seitenteil in der Mitte übereinander.

6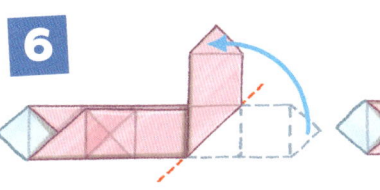

Falte die Spitzen an den eingezeichneten Linien einmal nach oben und nach unten, sodass zwei Kreuze entstehen.

7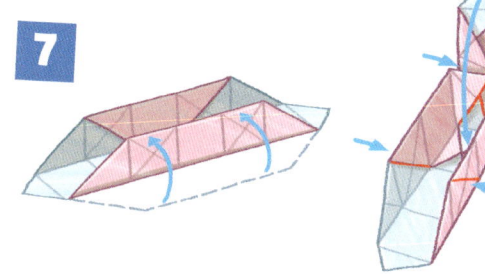

Stelle nun die Seitenteile wieder auf und falte den linken und rechten Rand nach oben. Folge dazu Schritt 6 der Anleitung für die Schachtel auf Seite 24/25.

8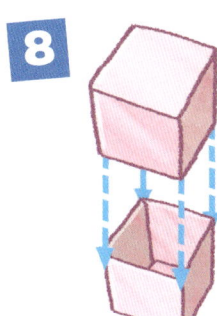

Eine Seite deines Würfels ist noch offen. Um sie zu schließen, faltest du Schritt 1 bis 7 mit einem 5 mm kleineren Papier und steckst die beiden Teile zu einem Würfel zusammen.

9 Zuletzt stanzt du mit einem Locher Punkte für deinen Würfel aus und klebst sie auf. Das Spiel kann beginnen!

Schmetterlinge

flattern durch die Lüfte

Du brauchst

◆ Origamipapier gemustert, 15 cm × 15 cm

1

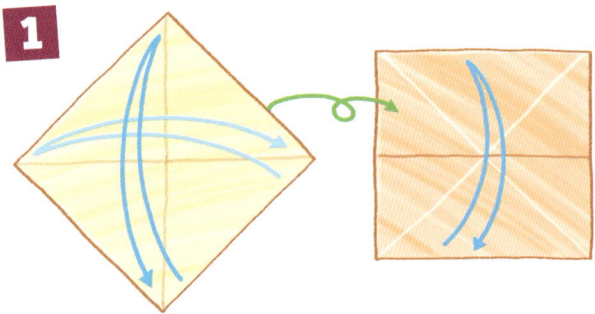

Lege das Papier mit der bedruckten Seite nach unten vor dich hin, falte es zweimal diagonal und öffne es wieder. Dann das Origamipapier wenden und einmal waagerecht zur Hälfte falten.

2

Nun stellst du ein Dreieck her. Drücke dafür die gestrichelten Kanten mit Hilfe der Tütenfaltung (siehe Seite 5) nach innen.

3

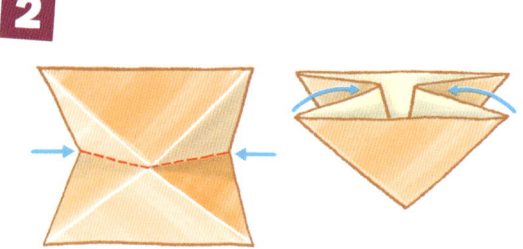

Falte die beiden oberen Spitzen zur Mitte. Knicke dabei nur die obere Papierlage zur Mitte, die untere bleibt liegen!

4

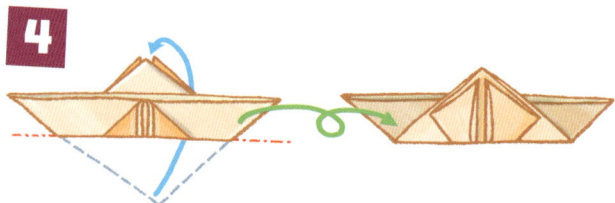

Klappe die Figur an der Strichpunktlinie nach hinten (waagerecht etwa auf der Hälfte des Dreiecks) und wende deine Figur wieder.

5

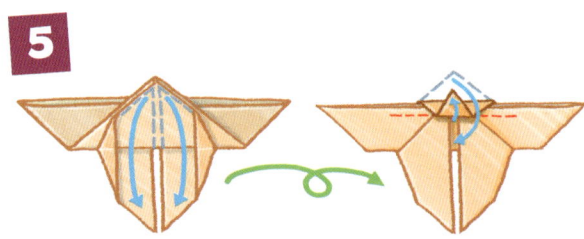

Jetzt wird's etwas knifflig. Ziehe die oberste Lage der beiden Spitzen nach unten. Beim Aufklappen bilden sich links und rechts kleine Dreiecke. Streiche sie glatt, so befestigst du die Flügel. Dann faltest du auf der Rückseite die obere Spitze wie abgebildet einmal nach vorne und einmal nach hinten.

6

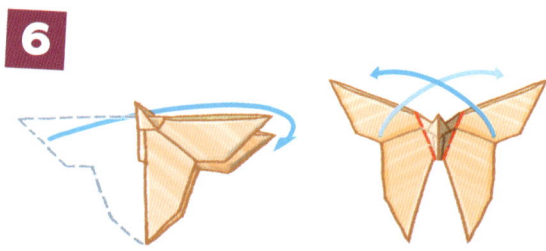

Schließlich klappst du deinen Schmetterling zusammen und knickst beide Flügel an den gestrichelten Linien nach oben, so entsteht der Körper. Wenn du die Flügel wieder zurückfaltest, ist dein Schmetterling fertig.

Buchtipps

Noch mehr Falt- und Bastelideen findest du in diesen Büchern!

ISBN 978-3-7724-7736-2

ISBN 978-3-7724-7880-2

ISBN 978-3-7724-7614-3

ISBN 978-3-7724-7680-8

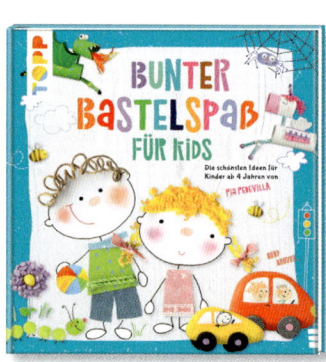

ISBN 978-3-7724-7875-8

ISBN 978-3-7724-7760-7

ISBN 978-3-7724-7677-8

ISBN 978-3-7724-7678-5

Die größten Papierflieger aller Zeiten

ISBN 978-3-7724-5532-2

100 SPEKTAKULÄRE PAPIERFLIEGER ganz easy falten

ISBN 978-3-7724-7676-1

Das einmal-rund-ums-Jahr BASTELBUCH

ISBN 978-3-7724-7873-4

BASTELN MIT NATURMATERIAL

ISBN 978-3-7724-4268-1

MEINE AUSSCHNEIDE BASTELWELT BAUERNHOF

ISBN 978-3-7724-7849-9

Das große BASTEL BUCH für Jungs

ISBN 978-3-7724-8420-9

Das große BASTEL BUCH für Mädchen

ISBN 978-3-7724-8421-6

DAS PFERDE-BASTELBUCH

ISBN 978-3-7724-7954-0

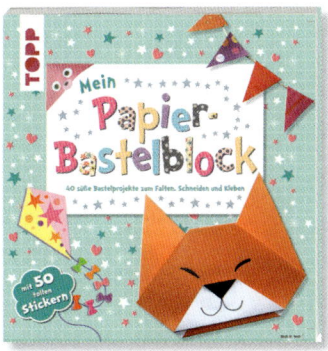

Mein Papier-Bastelblock

ISBN 978-3-7724-7681-5

Mein Himmel-und-Hölle Bastelblock

ISBN 978-3-7724-7682-2

Impressum

Alice Hörnecke ist ständige Besucherin des Basteluniversums. Ihr liebstes Material ist seit jeher Papier. Ihre Sammlung an schönen Papieren wächst stetig, sodass gerade ein neues Regal bei ihr einziehen musste.

Während ihres Studiums durfte sie drei Jahre im tollsten Bastelladen der Welt arbeiten und erhielt so die Chance, Materialien und Techniken vom Malen bis zum Stricken eingehend zu studieren. Über ihre Bastelleidenschaft kam sie zum frechverlag, wo sie heute als Autorin tätig ist.

Danke!

Mein Dank gilt: meiner Mutter, die mein Hobby stets unterstützt hat, dem Team vom Kreativpoint Kornbeck, das den Basteljunkie in mir mit immer neuen Materialien und Inspirationen versorgt hat und meiner lieben Kollegin Angela Vornefeld, die mich davon überzeugt hat, dass ich das Zeug zur Autorin habe.

Unser Service für Sie: Wenn Sie Fragen zu den Anleitungen in diesem Buch haben, schreiben Sie einfach eine E-Mail an: mail@kreativ-service.info. Wir helfen Ihnen gerne weiter.

FOTOS: frechverlag GmbH, 70499 Stuttgart; lichtpunkt, Michael Ruder, Stuttgart
SCHRITTILLUSTRATIONEN: Ursula Schwab
PRODUKTMANAGEMENT UND LEKTORAT: Angela Vornefeld
LAYOUT UND SATZ: Sophia Höpfner
DRUCK: Livonia Print SIA, Lettland

11. Auflage 2019

© 2013 frechverlag GmbH, Turbinenstraße 7, 70499 Stuttgart

ISBN: 978-3-7724-5672-5   Best.-Nr. 5672